11. Buch eines Erdenengel

10:01 Sich im anderen zukünftig wahr-nehmen♥ Spiegelreflektion der Liebe zueinander♥

Im Miteinander Einz sein; Kreative Lösungen werden gefunden & positiv umgesetzt! Das Beste für Alle Beteiligten♥

11 in 22

121

11:11
In innerer GeWissenHeit mit dir & deiner SeelenLiebe im EinKlang

Einz Sein♥

Aufnahme München 2017 – Clarissa M. Seite

„Seelen-Dialog eines Erdenengels"

11. Buch eines Erdenengels -„Soul to Soul"

Frühjahr 2018 / 11

Bild von Frank Rolf Josef Pöhlmann Buch cover 7. Buch –

„Himmlische Werke eines Erdenengels"

Instagram: @whocares0_0

Liebesbotschaft♥

"Von Seele zu Seele

Von Herz zu Herz"

Ich lasse die Dinge und Situationen ihren freien Lauf!

"FREIHEIT"

Heute ist eine hohe Energie; Tür offen und somit können wir die Gedanken frei lassen♥

Sende deinem Seelengefährten "All deine Liebe"

Fühlen♥

In "Freiheit" fließen lassen; in der Gewissheit, dass sie gut und positiv ankommen!

Lass diese in der Transformation
fließen; gib sie frei♥

Wunder geschehen; Göttlich gewollt!

Ohne Bedenken, dass es falsch
ankommt …

Deine Gefühle
Deine Gedanken
Deine Wünsche &
Sehnsüchte!

Sie kommen   *"sicher & wohl"*   bei
deinem Gegenüber an♥

Alles fließt im richtigen Tempo und in
Dankbarkeit!

LIEBE♥

Lass es Frei … nicht zu verwechseln
mit Loslassen …
Du darfst einfach in deinem Handeln -
Denken - Wünschen

"Frei fließen lassen"

"Ich liebe mICH & Ich liebe dICH"

Von Herz zu Herz
Von Gedanken zu Gedanken

Transformation im Fluss … fließt telepathisch und kommt gut an♥

Ich sehe Dich & Ich spüre Dich!!

In meinem Herzen ist Alles für Dich♥

In meinen Gedanken bist du bereits neben mir♥

Vision - Wille - Manifestation geschieht jetzt♥

Bild von Frank Rolf Josef Pöhlmann
Instagram: @whocares0_0

"SeelenLiebe"

Oh wie tief diese Karte in mein Herz
geht und ganz und gar hoch schwingt♥

"Hoch-Zeit"

SeelenLiebe ...

ist was ganz besonderes und macht sich
durch das Weiterentwickeln im Leben
in der Kommunikation mit sich und
seiner Seele im Laufe der Zeit immer
stärker bemerkbar!

"Lebensmitte"

"Wenn die Seele liebt, gibt es kein zurück mehr"

Diese Liebe ist so stark, dass sie dich
zu Anfangs so verwirrt, dass dir Angst
und Pange wird und du Sorge um
deinen Verstand hast <3

Ein so tief empfundenes Gefühl von
Verbundenheit zuerst auf der
Gefühlsebene in dir drin schreitet es

immer weiter voran … kriecht in deinen Verstand und lässt dein Herz immer weiter ausdehnen♥

"Entschlossenheit"

Auch wenn du es zeitweise durch den Umstand deines Lebens verdrängen möchtest, gelingt es wohl kaum …

"Verstand geht in die Herzebene und zurück"

Jahre können vergehen und immer wieder wirst du bzw. wird deine Seele dich auf dich zurückwerfen und einfordern!!

Seelenliebe will gelebt werden♥

Lebensziel der Seele♥

Unausweichlich Schön, da der Liebe um diesen Menschen / Wesen bewusst und auch immer wieder Mega anstrengend zugleich, da Du musst, weil es deine Bestimmung ist.

Hat sich Jesus so Gefühlt?

**Er war sich seiner Seele -
Bestimmung bewusst!**

**Maria Magdalena in Ihrer
Verbundenheit zu Jesus und Gott!**

Pfingstsonntag, ein Zyklus geht auch
bei dir zu Ende und ein Neubeginn
wartet schon auf Dich, bereit voran zu
schreiten♥

Go for it♥

Es ist nun Zeit deine "SeelenLiebe" zu
leben

Deine Seele will lieben & geliebt
werden.

Verbundenheit

Deine Seele schreit danach und der
göttliche Zeitplan eröffnet sich dir und
zeigt dir den Weg über deine
Gefühlswelten auf.

Spricht zu Dir!
Hörst du den Ruf & den Drang nach
Erfüllung!

Lebensplan!!

SeelenLiebe ist spirituelle Liebe und
viel mehr.

"All-Ein-Sein"

Rund im Wandel und den Kreislauf des
Lebens leben und fliesen.

"Verbunden"

Verbunden, im Kreislauf des Lebens -
des Wandels - des SEINS♥

Stark
Power pur

Gewollt - gelebt - geliebt …

Lebe ent-spannt und voller Liebe &
Freude und wie Magisch im
Magnetismus ziehst du deinen
Seelenpartner an …

Das Göttliche kümmert sich um die
Details; bitte und bete

**"Die Engel und Erzengel sind immer
bei dir"**

Erzengel Michael
Erzengel Raphael
Erzengel Chamuel

"Ur-Vertrauen" in Geduld und Liebe
verweilst du der guten Dinge, die nun
kommen mögen!

Buch-Cover 8. Buch der Trilogie

„All-Eins-Sein eines Erdenengels"

Clarissa M. Seite

Seelenliebe - Dualliebe - Seelenpartnerschaft…

Sich stark verbunden fühlen und sich dadurch immer näher kommen!

Du lernst einen Menschen kennen und denkst "Oh Gott" … na das wird was werden …

Spannung, die sich über Jahre aufbaut … in der Arbeit … egal wo … und vor allem sich in deinem Bewusst-Sein ausbreitet!

Immer mehr… immer mehr … mehr….

Phasen von Verdrängung findet statt … Zeiten der Verunsicherung … und dann wieder das Herz, dass zu Dir und deiner Seele spricht … über deine Gefühle - Körperreaktionen (rot werden - in Wallung geraten)

Auf und Ab …

Sprachlos - loslassen - Neu kreieren - Reflektion findet statt:

Bestehende Partnerschaften geraten ins Wanken … WARUM:

Zeit altes loszulassen … alte Geschichten - Muster loslassen!!

Trotz Distanz lieben, in der Seele die Liebe spüren und den Drang von Nähe - sich nahe kommen - ganz tief in sich drinnen erspüren.

"TRÄUMEN" … den Seelenpartner im Traum begegnen … die Hand halten.

…reden, halten - sich im Arm halten … zart - schüchtern, fast schon verlegen … in die Augen schauen und die Seele sprechen lassen.

Das "Bewusst-Sein" und Tun sich in Liebe verbunden zu fühlen….

Was mag nun kommen - was ist
vorbestimmt - Schicksal … LIEBE
IST!

"Verbundenheit"

"Nähe"

"Liebe"

Ein neues Mit-Einander entsteht aus
dem Weg der Erforschung…

Tief in dir drinnen weißt du was ist!!

DU - DU, mein Seelenpartner …

Ich liebe Dich aus ganzem Herzen und
wusste es schon seit dem ersten Funken
der entstand aus "Oh Gott" …

Jetzt können sich die alten Geschichten
- Verbindungen (Zweckverbindungen)
auf- LÖSEN…voller Liebe & Respekt
auflösen.

Das Alte ist nun vorbei

Das Neue ist nun schon da, um sich
vollkommen zu ent-falten …

wie ein bunter Vogel!!

Phönix aus der Asche - Geburt eines Schmetterlings !

Liebe ist die Antwort!

Segnen, was ist - geht und kommt!

"Das Beste für

Alle beteiligten"

*Ich segne euch voller Liebe -
Vergebung und voller Liebe
zugleich.*

Ich bin!

Sich in der Seele
wiederfinden!

Seelen - Zwillingsseelen - Dualseelen -
Inkarnierte Seelen … Seelengruppen -
Seelenfamilien usw.

Wenn sich Seelen bewusst oder einfach
im Gefühl begegnen, wird es auf jeden
Fall interessant ….

Ich würde sagen äußerst spannend.

Begegnungen sind dazu da sich
kennenzulernen, nicht nur in her
kömmlichen Sinne, sondern wirklich
auch *Sich selbst kennenzulernen.*

Ich glaube, dass das für uns menschliche Wesen oder was auch immer wir wirklich sind oder zu scheinen sein, WIR dadurch die großartige Möglichkeit in Händen halten uns / Selbst zu begegnen.

Das ist einfach wunderbar!!

Ob das Begegnungen von einer Seele
zur anderen Seele sind, ist sowie so was
von gewiss und ob es sich hierbei um
eine Inkarnation - Seelengruppe -
Seelenfamilie oder in einer
Partnerschaft um eine Zwillingsseele /
Dualseele oder was auch immer handelt
… spielt sicherlich irgendwie auf die
Intensität der Beziehung schon eine
Rolle aber ob diese sooooo wichtig ist/
sind, möge sich wahrscheinlich erst im
Laufe der Jahre wirklich nochmals in
besonderer Qualität im Miteinander
zeigen - wollen!?

Vordergründig ist es doch erst mal
primär wichtig, sich selbst auf die
Suche zu **"Sich Selbst"** zu begeben …
natürlich sind wir Wesen die gerne in
Gruppen / Partnerschaften unterwegs
sind und sich gerne die Zeit im mit
einander ver-treiben!

Das ist schon irgendwie klar und
deutlich ersichtlich. ;-)

Wir reden gerne mit- und übereinander und vertreiben uns so spielerisch die Zeit, manchmal so gerne und oft, dass wir vergessen auch mal den Fokus wieder auf uns selbst zu richten und uns aus der Nähe / anderen Perspektive zu betrachten. Gelle ;-)

Das ist klar und auch gut so, denn wir sind sogenannte Herdenmenschen, die über Jahrtausende von Jahren im Kollektiv überlegt haben und dies nur so in der Gruppe auch möglich und sicher war.

Ein Einzelner wäre unter diesen damaligen Umständen wahrscheinlich innerhalb kürzester Zeit untergegangen und nur der Alphatypos konnte meist Allein überleben; selbst dieser hat sich eine Gruppe zu eigen gemacht, um seine Stellung durch Intelligenz / Wissen - Willen und Macht zu Ausdruck zu bringen.

Letzten Endes sind wir in der Gruppe / Familie gut aufgehoben und sichern auch heute noch unser allgemeines überleben und wenn nun schwerpunktmäßig hauptsächlich sozial - psychischer Natur überwiegend der Fall heutzutage vordergründig ist.

Ernährung und Unterkunft wird durch Einkommen gesichert und schafft persönliche Freiräume, die aber nicht unbedingt ein "Miteinander garantieren" (Wohlfühlen in der Gemeinschaft), oft das Gegenteil scheint der Fall und der Alleingang wird immer mehr zur Einsamkeit oder wie ich oft höre zur Vereinsamung gerade im seelischen - psychischen Bereich / Seelenbereich führt!

Die Sehnsucht (Suche) nach der Zwillingsseele / Super Seelenverbundenheit gerade in Partnerschaften scheint fast schon ein

unausweichliches *muss /
muß* **zu sein und das
"Sehnen & Hoffen"
wird immer mehr durch
große Wünsche /
Träume / Hoffnungen
als Garant verbunden
mit dem großen Glück
und das "All-Ein-Sein"
gewünscht, ja fast schon
zum absoluten Drang!**

Ein Muss-!?

Die Anziehung macht es immer wieder
möglich (Quantenphysik) und bietet
unglaubliche Chancen, dass wir UNS /
UNS wirklich selbst begegnen können.
Und das ist auch gut so.

Schön, wenn du einer Zwillingsseele
(Vieles - wirklich vieles gemeinsam -
Licht & Schatten zugleich) begegnest

und dass wirst du oft und immer wieder in deiner Seelenfamilie / Seelengruppe tun und auch dein Seelenpartner wird dir in irgendeiner Form / Stellung als Vater - Mutter - Kind / Geschisterlein wieder begegnen, (meist dann deine Dualseele begegnest - selten jedoch in einem Partner oder doch gerade auch weil ??? weil Seelenauftrag so gewünscht) dem kannst du dir sicher sein und dein Wunsch / dein Seelenruf wird hier gehört - Gehör finden und wenn es gut für dich und deine Weiterentwicklung als Seele ist. Wird sich eine besondere Konstellation aus oben genannt einstellen.

Der Seelenruf wird erhört werden und Versprechen aus vergangener Zeit (Zeit ist relativ / Quantenphysik) oft hier oder später eingelöst. Die Seele will weiter gehen - sich weiter entwickeln und emporsteigen zu einer höheren Seien Form aufsteigen …

Wünscht Ihren Auftrag zu erfüllen, um so viel Wissen - Liebe - Licht in sich aufzunehmen um dem göttlichen Prinzip Fülle / Erfüllung darzubieten.

Liebe ist - Gott ist Liebe - Universelle Liebe ist Göttlich im miteinander vereint!!

Letzten Endes sind wir Alle hier verbunden mit Allem und begegnen uns auf unterschiedliche Art & Weiße (unterschiedlichen Seins Formen / Stufen / Entwicklungsphasen) um uns - mit uns - in uns zu erkennen und die Erkenntnis weiter ins Licht und in Liebe zu tragen und als Resonanz / Schwingung wie

Wellen (Quantenphysik) in die Welt (Parallel Welten - unendliche Welten - Planeten - Universum) zu fungieren, in der Hoffnung oder sogar in der Gewissheit auf Mehr an Guten:

- Hoffnung - Glück - Licht - Liebe

und Schlussendlich *"Seligkeit"*   SEELEN FRIEDEN

zu erlangen.

All   Eins   Sein

Also, freue dich auf all die wunderbaren Begegnungen und denke immer daran …

Du bist dein Glückes Schmied und

Du erntest was du säst!

Herzensenergie!

Lebe und Liebe Dich in der Christusenergie

"Bedingungslose Liebe"

leben! und das *jeden Tag aufs NEUE!*

Je mehr Liebe du aussendest, umso mehr wird sich diese wundervolle Energie multiplizieren und zum Sender zurückschwingen.

HEIL WERDEN DURCH LIEBE!!

Aktion - Re-Aktion = Resonanz

Ich weiß, dass ich nichts weiß - Albert Einstein

„Unsere wirkliche Aufgabe ist es glücklich zu sein"

- Dalai Lama

Bild Frank Rolf Josef Pöhlmann

♥**Instagram:** @whocares0_0♥

Was ist eigentlich Seelenliebe!

Wir Alle leben in gewissen Seelenfamilien … dass kann auch die Herkunftsfamilie sein.

Im späteren Verlauf des Lebens oder wann auch immer finden wir oftmals Ersatzfamilien in denen wir uns sehr wohl fühlen und / oder durch das begegnen besser kennen lernen dürfen!

Durch diese Begegnungen, egal ob "Herkunftsfamilie oder sogenannte Wahlfamilien" (Ersatzfamilie durch Beruf - Hobby - Verein - Gruppen - Glauben) finden wir ein neues und abermals besonderes Miteinander!

Wir werden geführt und begleitet auf unseren Weg … Lebensweg der Erkenntnis!

Seelengefährten, die uns einen wahren Schatz an Erkenntnis spenden und uns den Spiegel reichen.

Jetzt dürfen wir in diesen Spiegel hineinschauen und erkennen.

"Erkenne dich Selbst - & - Alles in Maßen"

(Die Weisen - Innschrift aus Delphi / Apollotempel_Griechenland)

Die Chance sich selbst zu er-kennen und so zu lieben wie DU bist …

Gestern war ich zu Fuß auf den Weg nach Andechs; nach einem einstündigen Aufstieg zur Kirche empor angelangt.

Eine tolle Art wieder (immer wieder) zwar kurzweilig aber immerhin in sich zu kehren - Im wahrsten Sinne bei sich zu kehren und sich zu reinigen - Kontemplation pur!

(Wie schon so oft in der wunderbaren Kirche voller Blut - Scham - Opfer und Vergebung / sog. Christentum der Katholischen Kirche)

Ein bayerischer Pfarrer hielt zur Pilgerzeit im Mai eine tolle Andacht und wurde durch Harfe - Zitter - Hackbrett und Kirchenorgel wunderbar begleitet.

Kurz nach dem Eingang rechts oben das wundervolle Bild in Stein gemalt:

!Ein Engel mit Schwert in der rechten Hand; in der linken die Waagschaale der Gerechtigkeit … eine Seele (Mensch) hält den Spiegel in der Hand und wagt noch nicht so ganz den Blick in den Spiegel …. eine Schlage umschlingt den Stil (Halterung) des Spiegels und züngelt; bereit zum Biss!

Interpretation meinerseits:

Erzengel Michael (Schutzengel - Beschützer in Not und in Allen Religionen neben Raphael und Metatron verehrt) bereit den Befreiungsschlag auszuüben und die Schale der Gerechtigkeit in Einklang zu bringen, wenn nur DU liebe Seele bereit bist dich in diesen Spiegel der Erkenntnis anzuschauen … Wage

(Waage) den Blick der Innenschau und schaue dir in die Augen - Erkenne dich selbst und liebe und vergebe dir und Allen anderen auch … und auch wenn es schwer fällt und die Schlange der Verführung und der Erkenntnis dich manchmal noch beißen wird, ist es jedoch gewiss, dass durch das Gift der Schlange "Heilung" (Erzengel Raphael) in deiner Seele einkehr hält - und ganz gewiss halten wird!!

Sei dir gewiss!

Die Engel und vor allem Erzengel Michael und Erzengel Raphael werden bei Dir sein auf deinem Seelenweg, der Weg der Kontemplation, der Weg der Heilung.

Buch-Cover 9. Buch der Trilogie

„All-Zwei-Sein eines Erdenengels"

Clarissa M. Seite

Wenn die Seele liebt, gibt es kein zurück mehr.

Seelenliebe was ist das ... was bedeutet die Seele liebt.

Bewusstwerdung der Eigenschaften der Seele; die Basis der Kraft und des unentwegten Antriebs über viele hunderte und / oder sogar tausende von Jahren als Reinkarnation des Wesens; als Mensch - Tier - Pflanze - Stein - Funke - Energie.

Die Kraft die aus der Seele entspringt und uns unaufhörlich zu neuen Erfahrungen und Ufern unseres Selbst / Sein treibt.

Lebensziel!

Eine starke Antriebsfeder für die
Erweiterung von Wissen und
Tugenden.

Wenn die Seele liebt, gibt es kein
zurück mehr denn …Sie will es wissen
… was folgt als nächstes …

Das große Thema der Seele ist immer
die …

Liebe und das Bestreben nach Erfüllung!!

Die Liebe in sich tragend und diese
möchte in Allen Facetten / Ebenen ob

Körperlich - platonisch - geistig -
seelisch

gelebt und mit *der Kraft der Liebe
zum Ausdruck* gebracht werden.

Wenn die Seele liebt dann …

Die Seele als Ausdruck und Verkörperung von Reinkarnation und Wiederkehr des Seins - immer und immer wieder in etwaigeren Daseinsformen oder einer ganz bestimmten SEIENSFORM (Dalai Lama der 14te).

Erfüllung als Lebensziel!

Weiterentwicklung auf Allen Ebenen des SEINS!

Als höchstes Gut der Seele für die Einheit von Körper und Geist!

Liebesausdruck als reinste Form und Wirken der Seele!

Kong Ming Laterne als Symbol für aufsteigende Seelen

Ehrung der Verstorbenen.

WIEDERGEBURT als nächste SEIENSSTUFE

Als Möglichkeit der Weiterentwicklung zur angestrebten Vollkommenheit.

Zumindest den Wunsch und die Hoffnung auf dieses *"EINSEIN"*.

Alles ist ein ständiger Kreislauf - Kreis - Ring als Symbol dafür.

Miteinander oder in sich Eins sein.

Loslassen (Tod) und wiederkehrend (Geburt).

Wir finden dies in dem Kreislauf der Natur durch unsere Jahreszeiten sehr gut wieder.

Altes stirbt um wieder neu befruchtet
und geboren zu werden.

Wenn die Seele liebt, dann ist das ein Ausdruck von Ankommen in einer bestimmten Form von SEIN.

Das, was sich die Seele als Ziel
vorgenommen hat.

Ein Ankommen in eine Heimat des
Glücks.

Ein Verweilen in Liebe mit purer
Energie.

Bedingungslos!!

Bedingungsloser Liebe als
hochfrequentierte Energie.

Rein

Klar

Pur

Eben voller Liebe!

Wie ein Einfinden auf der Stufe des Kronenchakras (7 -Stufe - höchste Seiensform eines Yogis), mit all ihren wundervollen Spektralfarben (Regenbogenfarben nur durchsichtiger).

Eine gewisse Erleuchtung - Verstehen des Weges läutet sich nun im Bewusst-Sein ein.

Schwebend - fließend - federleicht.

Wenn die Seele liebt, gibt es kein zurück mehr!

Die Seele hat das wiedergefunden nachdem es schon immer strebte.

LIEBE

Buch-Cover 10. Buch der Trilogie

„All-Drei-Sein eines Erdenengels"

Clarissa M. Seite

Aus dem Herzen lieben!

Ich liebe Dich sind unglaublich schöne Worte, die da über die Lippen gehen und oft auch in Gedanken gesprochen werden.

Oftmals einfach so daher gesagt und ohne wirkliches Bewusstsein, was das für Dich und deinem Gegenüber bedeutet und an Auswirkung hat.

Eine der höchsten Energienschwingungen für Körper - Geist und Seele!

Eine der höchsten *Heilenergien* überhaupt.

(Universum - Gott - Christusenergien, dass kann jeder für sich selbst entscheiden)

"LIEBE"

Also, warum nicht so oft wie möglich *"Liebe - Ich liebe Dich"* denken & sprechen im Bewusstsein der mächtigsten Worte nebst *"Erfolg"* / *"Reich"* - Ich bin Erfolg-Reich.

Liebe ist, heißt es so oft aber was heißt das genau … ?

Heißt das, ich Liebe dich weil oder weil ich dich *bedingungslos Liebe* **so wie DU bist!!?**

Ich liebe dich mit Allen *"Ecken und Kanten"* bzw. ich kann Dich so stehen lassen auch wenn Du mir auf den Wecker / Zeiger / Nerven gehst. ;-)

Nicht das DU zu mir sagst, was ich gerade in diesem Moment hören und fühlen will.

DU mich vielleicht unentwegt ignorierst und mir tief in mir drinnen damit weh tust.

Liebe ist, heißt es doch so oft … aber was heißt das wirklich genau … ?

Ich Liebe Dich, weil du schön bist und ich mit dir so "herzlich lachen" kann.

Ich Liebe Dich, weil du mir den "Respekt und die Achtsamkeit" gibst, die ich und jeder andere einfach verdienst.

Ich Liebe Dich, weil ich mich mit dir "soooo Verbunden fühle" und Du mir das Gefühl von "Vertrauen & Geborgenheit" gibst.

Weil du mein bester Freund / Freundin Bruder / Schwester, mein Kind bist.

Liebe ist, heißt es doch so oft … aber was heißt das denn nun ganz genau … ?

Bin ich den auch wirklich bereit all das, was ich mir von meinem Gegenüber wünsche und oftmals einfordere auch wirklich bereit und mir vollends bewusst, mir dies auch selbst zu gewähren - selbst zu geben, mit all der Liebe und Achtsamkeit / bedingungslosen Liebe mir selbst

gegenüber im Sein auch wirklich
zulassen!

*Ohne Erwartung - ohne Tadel - ohne
innere Kritik und ohne Furcht vor
Enttäuschung mir selbst gegenüber !?*

*Finde das Schöne in deinem Herzen,
auf dass du es in jedem Herzen
entdeckst.*

~Rumi

*Was heißt eigentlich "bedingungslos
Lieben" ….*

*Ich vergleiche das oft mit der LIEBE
zu meinen Kindern, die egal was Sie
tun (ok nicht immer egal) ich Sie
trotzdem und überhaupt Liebe und
immer wieder die Akzeptanz -
Verständnis - Mut - Treue und das
Vertrauen aufbringe in Sie und
natürlich auch in mich als Mutter /
MOM.*

Ist es denn nicht ein gegenseitiges "lernen & erkennen", dass uns in unserem Herzen; unserer Liebe weiterbringt und verstehen lässt.

Fließen lassen und zulassen voller Vertrauen - Vergebung mit einer Portion Mut und Bereitschaft immer wieder aufs Neue einen Raum der Zuversicht - Glaube - Frieden und Freiheit Dir und deinem Gegenüber - deinen Liebsten zu gewähren.

Eine tolle Übung, die ich für mich entdeckt habe ist das tägliche Herzöffnen, dass Pflegen des Herzchakra mit einer Hand auf dem Herzen und mit der anderen Hand auf dem Solarplexus tief einzuatmen und die Liebe (rosa - grünes(Herz) und gelbes Licht(Solar / Ego) beim ein- und ausatmen fließen zu lassen. Im Gefühl der Geborgenheit und Liebe zu sich und der Welt.

Einfach fließen lassen.

Dann gehe ich hinaus in den Tag und segne Alles und Alle in Liebe!

Ich grüße freundlich und schaffe Begegnungen voller "Respekt & Achtsamkeit".

Mit freundlichen Gesten gehe ich durch den Tag und lächle mit einer großen Portion Humor und meinem / einem kleinen Schalk im Nacken dem entgegen, was mir gerade begegnet.

Was es ist … die Liebe … was ist es …

Es ist Unsinn
sagt die Vernunft
Es ist was es ist
sagt die Liebe

Es ist Unglück
sagt die Berechnung
Es ist nichts als Schmerz
sagt die Angst
Es ist aussichtslos
sagt die Einsicht
Es ist was es ist
sagt die Liebe

Es ist lächerlich
sagt der Stolz
Es ist leichtsinnig
sagt die Vorsicht
Es ist unmöglich
sagt die Erfahrung
Es ist was es ist
sagt die Liebe

Erich Fried

Affirmation:

*Ich bin mit Allen Menschen
Wesen EINS in Gelassenheit
und Frieden.*

Ich bin Liebe.

Die Seelenliebe zusammengeführt als Schicksal!?

...es wird zusammengeführt, was zusammen gehört ...

Der göttliche Wille führt zusammen; sein Wille geschehe als Bestimmung / Schicksal

Lass uns vereinen ... lasst uns einig sein ...

Einig im Miteinander - zusammen in der Liebe eins sein ...

Liebe in der gemeinsamen Symbiose - Synchronizität - Gleichklang ...

SEIN

EINS SEIN♥

WUNSCH-
ERFÜLLUNG!

Durch die Engel geführt;
zusammengeführt, was zusammen
gehört!!

In Liebe♥

In Liebe durch den göttlichen Willen
vereint …

Es ist so gewollt; die "Hoch-Zeit" ist
eingeläutet -

Geläutert durch den Seelengang der
vergangenen Zeit und darf jetzt durch
"Vergebung" wieder belebt - gelebt und
vereint werden♥

Jetzt ist die Zeit
gekommen … der Samen
ist reif geworden und

entfaltet den Wunsch der Seele!

Die Geburt wird eingeläutet♥

In Liebe♥

Der einstige Wunsch auf ein Wiedersehen wird jetzt erfüllt♥

"HOCH-ZEIT"!

Tränen der Freude dürfen nun fließen
…

Alles fließt; Alles ist im Fluss!!

Dual-Seelen & Zwillings-Seelen

Dualseele –
Zwillingsseele

Die Calla-Lilie bringt dir folgende Neuigkeit

Tages - Botschaft!

Die "Calla-Lilie"

aus dem griechischen "Kallos" für die körperliche Schöne♥,

möchte sich über das "Herzchakra" bemerkbar machen!

Sie hilft, die Liebesbeziehung mit dem Seelengefährten noch inniger auszudehnen.

Gerade in solchen tiefen Verbindungen entstehen alte Ängste von Ablehnung und Verletzungen.

Dual-Seelen - Zwillings-Seelen

sind besonders davon betroffen.

Gilt es doch diese Verbindungen auch durch "Rückzug" zu stärken, damit alte Wunden, jeder für sich heilen kann, um dann wieder erneut - erneuert auf einander wirken und lieben zu können♥

Die "Callas" unterstützt mit Ihrer körperlichen Anziehung und vereint dort, wo der Glaube und der Mut gestärkt werden muss.

JA, vertraue auf deine Gefühle im Bauch - Herz - Kopf …

Die Botschaft dieser Lilie ist:

"Ich liebe Dich" - Ja, Ich LIEBE DICH♥

Sie trägt uneingeschränkt die Gefühle des Seelenpartners in sich und überträgt diese durch ihre starke Energie der Liebe!

Eure Liebe ist stetig am wachsen und wird genau zur richtigen Zeit vollkommen erblühen …

Vertraue, du wirst göttlich geführt!

Vertraue deinen inneren Impulsen und die kleinen sanften Schupser, die du von den Engelwesen erhält, sie sind Wegweiser und Wegweisend für Dich auf deinen Weg zu deinem Seelengefährten♥

Mut und Geduld sind bei dir und unterstützen durch die Kraft der

"Calla - Lilie"

Vereinigung geschieht auf höchster Ebene und wird nie enden in dieser Seelenverbindung, bis über den Tod hinaus in der Zusammenkunft im hier & jetzt wieder vereint♥

Love & Light & Joy

Deine CLARISSA

Dualseelen

Sich im anderen wiederfinden!

In Liebe - Akzeptanz - Respekt und
Wertschätzung nun vereint

Dualseelen♥

gehen Ihren Weg getrennt, um
irgendwann in einem Leben sich wieder
mit all Ihren Erfahrungen zu vereinen
und die Licht & Schatten-Seiten des
Gegenüber wieder mit sich und dem
sich gegenüberstehenden Partner in der
Dualseele zum Wir zu vereinen.

Das ist nicht immer einfach aber sehr
lohnend, da diese Seelen ja schon
vorher Eins waren und sich in Ihren
getrennt von einander gesammelten
Erfahrungen nun wieder vereinen
dürfen!

Manchmal als Familienmitglied und
auch oft als Partner♥

Weiter voran auf einer neuen Ebene des
SEINS im miteinander und das nicht
nur seelisch sondern gerade auch
körperlich in voller werdender
Symbiose verschmelzt ....

Spiegelung pur, dass was Du bereits in
dir trägst und im anderen aber vorerst
nur wahr nehmen kannst, darf jetzt
realisiert und integriert werden!

IN DIR♥

Kein einfacher aber sehr lohnender
Weg "bedingungsloser Liebe" mit sich
und dem Seelenpartner; einst als
Dualseele verloren geglaubt♥

"Erzengel Chamuel" *auch Anael genannt, möchte Dich sehr gerne liebevoll begleiten auf deinen persönlichen Weg der LIEBE!*

Öffne dein Herz für die Liebe in dir …

Erweitere dein Feld - deine Aura - dein Bewusstsein!!

Wenn du dich liebst, kannst du auch andere bedingungslos lieben und deine Liebe ohne Erwartung - ohne dein EGO befriedigen zu wollen, lieben!

Sei frei in dir und öffne Dich für die unendliche Kraft der Liebe!

Befreie Dich von ….

Habe keine Angst vor Verletzung - vor
zuviel geben - vor Ausnutzung …

Viel wichtiger ist deine emotionale
Erweiterung in Dir …

Dein Be-Wusst-Sein zu dir und deinem
Körper - Geist - Seele:

Deine persönliche Achtung - Respekt -
Vertrauen zu dir und deinem Selbst!

SELBST-WERT!!

Sich selbst Wert sein … nur wenn du
bereit bist (in der Lage) und offen bist
dies zu geben, dann kannst du auch
unendlich empfangen.

Übe dich täglich im "geben und
empfangen" der Liebe!

Weite dein Umfeld aus …

Sei offen - bereit - beobachte - fühle -
gebe und empfange nun deine
unendliche Kraft und Ausdauer der
Liebe.

"Das einzige, das nicht weniger wird wenn man es verschwendet ist die LIEBE"!

Du bist Liebe!

Du bist ein göttliches Wesen voller Liebe & Licht!

Du bist wunderbar!

GottesLiebe / Selbstentscheidung

Von einem lieben Menschen, der sich traut auch unbequeme Fragen zu stellen (sich zu stellen) und sich eine Antwort von mir wünscht:

Ich hätte mal eine Frage zu dieser Gott-Sache: Warum lässt Gott zu, dass Menschen so leiden müssen wie die Leute, die vor Krieg fliehen zur Zeit, wieso lässt er es zu, dass Nazis Heime anzünden, Parolen brüllen, anderen Menschen das Leben zur Hölle macht…? Und bitte nicht die Standardausrede, die von Christen kommt, für alles gute ist Gott verantwortlich, alles andere ist der Mensch…bitte gib mir eine Antwort darauf….

Meine persönliche Sichtweise und Antwort:

Ok Michael - der Mensch und auch du haben - hast immer den freien Willen … "Verantwortung" (übernehmen) Ich bin aus der Kirche vor 30 Jahren ausgetreten, da ich keinen Menschen brauche, der mir sagt wo - wie und was richtig oder falsch ist … (trotz alle dem lebe ich nach den 10 Geboten und vor allem nach dem Gebot der "Nächstenliebe") Ich versuche mich und mein tun und denken immer wieder durch lernen dazu lernen und handeln auf eine weitere Stufe nach besten "Wissen und Gewissen" weiter voran zu schreiten … **durch Nächstenliebe** - Arbeit an mir und meinem Umfeld - durch positives Handeln - durch die Lehre an Aktion und Reaktion und das studieren am Resonanzgesetz! Welche Antwort hast du (der Mensch) für dein Tun / Nicht Tun … schau dich im Spiegel liebevoll an / um und handle voller "Licht und Liebe" … sodass es jeden Tag mehr wird bei dir und um Dich herum! Wir sind stoffliche Lebewesen (manche mehr feinstofflicher) und entscheiden uns für den Weg (positiv und oder negativ) und entwickeln uns (positiv und oder negativ) hoffentlich (Herzenswunsch) so weiter; der eine mehr und der eine weniger oder bleibt dort wo er sich befindet … Jeder entscheidet das für sich ganz persönlich, ob er sich durch Widrigkeiten ablenken oder den Weg des geringsten Widerstandes geht (über sieben Brücken musst du gehen- sieben dunkle Jahre überstehen - siebenmal wirst du die Asche sein / sieben Zyklen) Du als Mensch entscheidest dich für deinen Weg voller Bewusstsein (je nach Entwicklung) und voller Verantwortung (dir und anderen gegenüber) Liebe ist die höchste Schwingung und die höchste Kraft im Universum (Allmacht) und daran glaube ich persönlich aus vollem Herzen….bless you - big hug -

Ich danke dir für diese Frage von ganzem Herzen!!!

Love & Light deine Claire

Liebe ist …

Was bedeutet Liebe - lieben überhaupt

Ich liebe Dich!

Warum fragen wir uns das eigentlich
ständig und sind oft auf der Suche nach
der sogenannten wahren Liebe …

Liebe, die wir in UNS nicht selbst
finden können?

Ein Ur-Gefühl in der Zeit des
Wachstums und der Geburt!

Mutterliebe

Vaterliebe

Geschwisterliebe

Welche Erfahrungen und Gefühle verbinden wir damit und wünschen uns diese aufgrund Verlust oder weil es doch so schön war in unserem Leben zurück!?

Ur-Liebe

Ur-Vertrauen

Ur-Geborgenheit

Wenn die Seele liebt, gibt es kein zurück mehr …

Wo und Wann beginnt diese Liebe zu sein.

Wann ist sie entstanden und hat sich entfaltet in uns …

Bereits bei der Zeugung, durch den Ur-Funken (Samen der Schöpfung - Zellinformation).

Die *"All-Liebe als göttliche Energie"*; als höchste Schwingung im Universum, bereit sich durch die Liebe zu vermehren - stark zu werden mit all Ihrer Kraft!

Die höchste Kraft und Macht im Universum.

Was macht Sinn, als wenn nicht durch die Liebe als höchstes Gut diese wundervolle Energie der Liebe genießen und einfach leben dürfen als Manifest des Lebens an sich.

Was verbinden Wir, außer der Mutter und Vaterliebe (Zeugung) der Geschwisterliebe und den wertvollen

Freundschaften in unserem
gedanklichen Gut noch …   gerade in
Partnerschaften im Miteinander …

LIEBE ist

SEIN

ein Austausch an Gefühlen für Körper -
Geist und Seele!

Zärtlich sein

Liebkosung

Streicheln

Kuscheln

Wärme

Küssen

Lieben mit all seinen Zellen - Fasern -
Körperlichkeit …

SEX!

Im Vertrauen - Respekt - Achtsamkeit im Mit-ein-ander SEIN.

Gerade wenn es um *"Zweisamkeit in der Partnerschaft"* und sogenannten Beziehung (ziehen - Zug - beziehen - Bezug) geht, wird es oft und meist sehr interessant, denn der Mensch lebt oft in seinem Ego und möchte; fordert sogar vehement ein!!

Ich will …

das du …. mich … liebst - umsorgst - vertraust - gibst - besorgst - da bist

und und und …

Im Miteinander - Im Wechsel der Bedürfnisse - Im Gefühl von Lücke - Not - Allein sein (Alleinsein - bist du nicht Allein) Langeweile - Blaupause?

Was ist nun Liebe und wenn ich sage, ICH Liebe dich, was möchte ich genau damit ausdrücken, dass DU für mich bist - mir bedeutest wenn DU *da bist*

mich umsorgst

meine Lücke schließt

meine Bedürfnisse errätst und füllst

oder und

mir all das (fehlende) *"Vertrauen & die Geduld"* schenkst, die ich mit mir und dir und anderen (nicht) aufbringen kann.

"Du bist mein Fels in der Brandung"

Je mehr wir uns mit uns selbst auseinander setzen und in den eigenen Modus der *"Selbst-Liebe"* finden und unsere persönliche Verantwortung des sich um sich kümmern - sorgen -

lieben finden, dann kann sich die Liebe umso mehr entfalten!

Wir erwarten nichts ... wir sind ... im Sein ...

Unser Glück hängt nicht vom anderen - gegenüber statt; es lastet nicht als Verpflichtung auf seinen und unseren Schultern.

Liebe ... ist

bis dahin, lieben wir so gut und so viel wir nur können (manchmal voller Erwartungen erdrücken wir mit sogenannter Liebe; diese schwindet und erstickt aus Mangel an Vertrauen in UNS?), um letzten Endes in uns zu wachsen und zu gedeihen mit all unserem Verständnis und Liebe (Vertrauen und Geduld – ohne Erwartung und Einforderung) sodass die reine Liebe an einem gewissen Punkt im Leben (Erkenntnis) einfach fließen kann ...

Fluss

Ich geben um zu geben … (keine Erwartung weder an mich noch an dem Gegenüber) und wenn ich empfange (was automatisch sein wird) dann bin ich bereit und offen zu empfangen …

Liebe fließt … je mehr ich fließe in liebe je mehr fließt

"Liebe wird nie weniger werden, sondern immer mehr und mehr"

Weg vom Gedanken … "Ich habe dir all meine Liebe gegeben und DU"

Rückerinnerung in den Zellen findet statt an die Ur-Liebe - an die göttliche Anbindung im

Sein im Universum im Sein – AllEinSein!!

Fluss - fließen lassen - unendlich

Vergleichbar mit der Liebe zu den eigenen Kindern … egal was sie tun … die Liebe ist da und es wird einfach geliebt (Bedingungslos in diesem Moment) erst später folgt der Gedanke an "Ein-Forderungen"

Du musst … dass …. und dann … bekommst du …

Liebe

Anerkennung

Respekt

Gehen wir *"Achtsam und im Gefühl bewusst"* mit dieser unerschöpflichen Form von Ausdruck *"LIEBE"* um, dann entdecken wir in *UNS* und um UNS herum einen *"a never ending*

Treasure" einen niemals endenden *Schatz* (mein Schatz - Herr der Ringe) an Reichtümern - unendliche Weiten - unendliche Freiheit - unendlichen Fluss!!

Herz Herz

Seele Seele

im *Ur-Vertrauen der Seele*, die in diesem Moment und überhaupt generell im menschlichen DA-SEIN (Zellinformation & Kommunikation) spricht und über die Zelle (Körperreaktion durch Röte - Wärme - Schmetterlinge im

Bauch - Verlegenheit - Scham kommuniziert.

Die Seele, die im Ur-Sprung zu uns im Herzen (Intuition) kommuniziert und uns den Herzensruf (YouTube-Kanal Clarissa M. Seite) in UNS wahrnehmen und folgen lässt. (Zeit ist relativ - Albert Einstein)

Bewusst wahrnehmen lässt.

Mögliche Affirmation:

Ich lausche den Ruf meines Herzens; meine Seele spricht immer zu mir

Ich bin Körper - Geist & Seele

Ich bin Liebe

Liebe ist:

"Wahrhaftig"

Zwillingsseelen – Dualseelen wollen erkannt und gelebt werden

Love - Liebe bewusst!

Zwillingsseelen - Dualseelen♥

genau so empfinde ich das auch ..

Zwillingsseelen und auch gerade die Begegnung mit einer Dualseele sind unglaubliche

Inspirationen und Musen

und eröffnen dein Inneres Potential je nach bereits eingetretener Entwicklung und Öffnung auch auf der spirituellen Ebene!

Je nach … Verkörperung der Person (Intention - Art und Weiße des Seins)

und ihrer eigenen Eigenschaften und
Themen als Zwillingsseele, die dich
genau an diesem Punkt trifft (mit dem
Amorpfeil) und der Aufruf nach
Innenschau / Spiegelung
unausweichlich auffordert♥

Spiegelung!

Oder die wundervolle einzigartige
Begegnung mit deiner Dualseele, die
dich in deiner Seele touched und so tief
berührt, dass es hier absolut
unausweichlich geworden ist (oh Gott -
göttlich gewollt und gelenkt) - meist
erst im höheren Alter bzw. wenn ein
höheres Bewusst-Sein erreicht und klar
angestrebt wird!

Diese Verbindung überhaupt noch
ignorieren zu können oder je überhaupt
außeracht lassen zu können!!

Es ist dein Schicksal und deine
Bestimmung nun über Dich und dein
Sein als Seele hinauszuwachsen♥

Aufforderung des göttlichen Prinzips

*Wachstum*Gedeihen und Entfaltung

Transformation - JETZT♥

Sage JA zu dieser Wunder - vollen einzigartigen Begegnung und sei tief berührt und dankbar dafür♥

Schritt für Schritt

Jeder in seinem Energieflusstempo

Es ist bereits vorbereitet vom göttlichen Dasein und kommt nun auf die Erde zu Dir nieder!

Du darfst ohne Angst lieben♥
Du verdienst diese Art von Liebe♥
Du bist nun bereit, auch wenn es sich im Außen bei dir im Bewusst-Sein noch nicht ganz so klar zeigt - fühlt - klar ist.

Verwirrung löst sich nun auf♥Wunder geschehen …
Heilung geschieht

Your are the Star in your life!

Dein Stern leuchtet hell♥

„17"

Glaube dir in deiner WahrNehmung!

heute dürfen wir uns einfach vom Stern leiten lassen; was folgt sind wir, wenn wir möchten, nach dieser herrlichen VollMondNacht!

Welche Träume haben uns begleitet und unsere Ängste widergespiegelt?

Menschen sind UNS begegnet, die in einer speziellen Art mit UNS verbunden sind, sei es die Arbeit - Familie - Liebe♥

Dein Unterbewusstsein lies es geschehen und dein Bewusst-Sein durfte tiefe Einblicke in deiner GefühlsWelt erhaschen - erahnen und sogar noch einmal fühlen was für Dich Sache ist.

17 = 8 nimm deine Stärke in die Hand und folge dem SternenRuf in dir ...

Wo würdest du jetzt gerne sein; mit welchen Menschen und Orten möchtest du dich in Zukunft liebevoll verbinden.

Was entspricht deinem wahren SEIN♥ im Herzen♥

Die Tageszahl "Fünf"
gibt dir dein nötiges Wissen; stärkt deine Aktion, damit auch die gewünschte ReAktion eintreffen kann, dann darf Alles Gewünschte in die Resonanz mit dem göttlichen gehen & liebevoll geschehen!

Der Hierophant trägt den Stern direkt auf der Brust und weiß um dass göttliche Kind in Ihm♥

Entfaltung folgt dem leuchtenden Stern
jetzt!!

"Das Beste für Alle Beteiligten"

Denke bitte daran, dass du einst vom
Himmel auf Erden als Sternchen
hernieder gingst und nun wie ein großer
Stern leuchten darfst.

Deine Mit-Menschen möchten sich
auch durch dich inspiriert fühlen, so
kann eine All-Umfassende Befruchtung
voller

Frieden - Freude - Licht & Liebe
stattfinden.

Entfache nun das

"LeuchtFeuer"

in dir und strahle wahrhaftig wie der
Stern einst über Bethlehem.

Dein Engel bietet dir Schutz und
kraftvollen Geleit an, du darfst darum
bitten ...

Alles ist gut!
Alles ist gut angelegt in deiner Welt!

Lebe Dich, deine Träume, deine
Wünsche und dein wahres Selbst, denn
du bist es Wert geliebt zu werden♥

LOVE & LIGHT & JOY

Deine dich liebende Claire

"Der Stern / The Star"

mal weg von den allgemeinen
Interpretationen ist der Stern
unglaublich richtungsweisend für mich
geworden, denn einerseits zeigt er dir
den Weg und fordert Dich im gleichen
Moment auf in Aktion und Bewegung
zu bleiben und / oder zu kommen.

Der Stern als Glücksbringer, der Licht
ins Dunkle bringt und deine
Schattenseiten durchleuchtet.

Kommunikator zwischen

"Himmel und Erde"

vom Göttlichen zum Irdischen hernieder kommt und Dir Einblicke darzubieten:

Wenn ich in den Himmel blicke, halte ich automatisch Ausschau nach den Sternen…. und in vielen Geschichten erhalten wir immer wieder schöne Erzählungen über die Sterne .. wie zum Beispiel "Der Stern von Bethlehem" … oder finden diese in vielen Landesflaggen dieser Welt.

!Was für eine Inspiration kann / ist der STERN für DICH:

Was möchte der Stern (Tarot) mir mitteilen

Wie werde ich zum "Stern" für die Menschen um mich herum

Was kann ich tun, um wie ein Stern zu strahlen

Wie werde ich ein Stern / ein Star!

Der Stern mit den Eigenschaften des Strahlens und der Zuversicht, symbolisiert die Qualität der Innenschau. In unserem Inneren befindet sich Grossartiges.

Alles ist unter einem guten Stern in der heutigen 17; lässt "Aus-Gleich im Herzen" entstehen♥

"Dein Stern zeigt dir den heutigen Weg auf .... folge ihm einfach"

Unterm Stern der heutigen 17 um 17:17 ist wahrlich Alles unter einem guten Stern ... weiter machen! Liebe ist es immer Wert

Mond in der 18

auch die Eins und Acht mit
einbeziehen, den der Mond in der Acht
als Kraftkarte verstärkt das Bewusst-
Sein an Anziehungskraft in unseren
Gefühlswelten und schafft somit
Magnetismus zwischen UNS
Menschen.

Ohne Gefühle würden wir UNS in
unseren Begegnungen wahrscheinlich
außer Acht lassen ... ich liebe
WortSpiele und somit ist die Acht als
Kraft in UNS der Eins im EinzSein
möglich!!

18 der Mond, der tief in uns gräbt was
wirklich "Sache" ist, tief drin in UNS
an LICHT in der 9 als Eremit, der auch
immer wieder gerne unsere Schatten
ausleuchtet und ehe wir Uns versehen
folgt die Sonne am Morgen und zaubert
in unsere Gefühle ein Lachen voller
Freude, voller Wärme in unseren

Herzen!

Ist das nicht schön♥ einfach herrlich!

Ohne Sonnenstrahlen könnte der Mond gar nicht so hell leuchten und ohne Mond in seiner AnziehungsKraft die Erde auch nicht wirklich funktionieren.

Ohne Schatten / Nacht kein Licht / Tag

Ein wunder-volles "Miteinander im abwechslungsreichem Spiel von Tag und Nacht, voller Wunder, dass sich in der AnziehungsKraft im Miteinander auf UNS, wenn es dann zwischen UNS Menschen funkt, stark wirkt; ein Lächeln folgt und die Sonne breitet sich in unseren Gesichter aus

Danke Mond für deine Kraft an Gefühlen, die der Krebs im Mond sehr zu schätzen weis und sich regelrecht im

"MOND-SCHEIN" suhlt.

Vision statt Illusionen leben ...
Wahrhaft echt und treu ergeben im
Gefühl von Liebe♥

Lass dich nun in deinen Gefühlswelten
reinfallen, ja inspirieren und schau
einfach, was passiert ... was in dir an
Erkenntnis hochsteigt und sich nun
manifestieren möchte in deinem
wachen "Da-Sein ... Bewusst-Sein"!

**18:00 Gefühlswelten voller Wucht
erleben & Jetzt! Erkenne ich mich**

Ich bin

**Heute dürfen wir in der 18, dem
Mond zugeordnet, tief schwelgen -**

**unseren Gedanken   Gefühlen
nachhängen, fühlen♥ er-neuern♥**

**18:18 Beide gehen in die spirituelle
Kraft und bauen nun auf Gefühle -
Glaube - Wahrheit; Liebe♥ als Weg
im miteinander heilen♥**

EINZ

2018 in der 11

„11. Buch eines Erdenengels"

SeelenVerbindung in der SeelenKommunikati on auf höchster Ebene im Sein der EINZ!!

Ich erkenn dich in mir
& ich erkenne mich in
dir
"Herz 🩶 & eine Seele
🩶"
11

Blicke tief in deine
Augen; sehe & spüre
deine Seele 🩶 Du bist
Liebe♥
14

"Ich bin ... Liebe"

"Ich bin ... Seele"

"Ich bin ... Balance"

 EINZ

„Ich liebe mICH

&

Ich liebe dICH"

Deine Dich liebende Claire

19 – 9 – Neun 9 & Null

19 Kollektive Bewusstsein – Licht für Alle

9 – Innenschau – inneres Licht erkennen und zum er-Leuchten bringen

19 als heutiger Sonnenschein in Herzen; ist die Frage nach dem Sinn des Lebens überflüssig, denn wer liebt lebt♥

Wisse in der Neun als Eremit

Null – Alles ist & Alles fließt

19:09 Innenschau♥ fühle♥ spüre♥ erkenne & DU wirst sehen; dein Licht leuchtet; will im Außen nun wirken ganz hell & klar

19 – 9 – Neun 9 & Null

19 Kollektives Bewusstsein – Licht für Alle
09 Innenschau – inneres Licht erkennen und zum er-leuchten bringen

Wisse in der Neun als Eremit
Null – Alles ist & Alles fließt
Wachstum auf Allen Ebenen 3X3

9:19 Alles ist nun Klar♥
Gefühle kommen nun in den Einklang♥
Ich bin Einz

19:19 Seele **Seele nehmen sich an der Hand & gehen nun gemeinsam als**

"Einz"

in den klaren Sonnenaufgang;
Schicksal im Rad Jetzt

In der heutigen 19 geht es um die

Leichtigkeit  Freude & Spaß
haben♥ 9:29 durch das innere Licht
finden wir dies im Einz sein

Du bist  Glück   Seele

Liebe   Atem   Reich an ...

"Zeit   Raum" ...

*„Alles ist möglich mit dir –
in dir – um dir herum"*

"Alles ist Möglich"

22:22

Gestern Abend kam diese Botschaft zu mir ...

Ja, Alles ist Möglich

Bist Du bereit
Bist Du willens

Bist Du bereit dein Herz zu öffnen, um zu geben um empfangen zu können ...

Sag JA und Alles ist Möglich!

Die liegende Acht im Herzen, ein Symbol von "im Fluss sein" im hier und jetzt sein und den

"Dingen seinen Lauf lassen"

Öffne einfach dein Herz und lass fließen ...

Lass Dich von der goldenen Wärme durch fluten ...

Atme wohl und ruhig in dich und
deinen Tempel der Liebe ...

Lege dir den goldenen Mantel um, im
liebevollen Sein deiner Selbst!

Wunder geschehen!

Glaube
Traue
Wille
Mut

werden immer belohnt, weil das
Resonanzgesetz gar nicht anders kann
... als der

"Ursache seine Wirkung"

folge zu leisten♥

Balance durch Kopf & Herz in der Vereinigung von Gedanken & Gefühlswelten♥ Dies wird immer mehr durch innere Wahrheit erlangt♥

Offenbarung bringt die
heutige "4" als Stabilisier
voll auf den Punkt 🤍
Einz sein in der Zwei im
mit-ein-ander 🤍
Love you♥

Alles kommt auf einen
Punkt
"Liebe ist .... "
Wahrheit!!
🤍

11.10 (2017)

11:10 & 11:11

11 (2018)
**Sieben & Acht; volle Kraft
voraus ins Glück**

Hoch  **Zeit**

*Jetzt fließt das
Bewusst-Sein auf Allen
Ebenen hin und her …
göttlicher Fluss!*

Betrachte die Sterne im Gleichklang deiner Seele und finde Frieden in Dir und deinem GlückSeligSein!

In der heutigen "14" finden wir die Balance nur im betrachten, in der Stille was ist♥

Lausche♥

Wir lauschen den Atem und lassen fließen ein und aus ...

Harmonie♥

Wir ruhen in UNS und wissen, um all den Wachstum in UNS, weil wir aus Liebe entstanden!

Du bist großartig♥

Auch wenn Tränen kullern mögen,
wissen wir um Ihre Kraft der Heilung
in UNS♥

SchöpfungsKraft♥

Öffne dein Herz für deine Sterne in Dir
und wisse, dass Alles in dir ist; bereits
von Anfang an immer da!!

Geliebte Seele♥

Die göttliche Kraft ist in dir und immer
mit dir; deine Seele begleitet dich auf
all deinen Wegen!

Sicherheit♥

Du bist in Sicherheit und darfst ohne
Angst lieben!!

Lass es fließen, deinen Atem - deine
Blicke - dein Bewusst-Sein ...

Pflege dich - umarme Dich und lebe &
liebe DICH!!

Du kostbares Erden-Wesen♥

Geh ins Licht mit der "14" 🩶

lass fließen ...

Liebe bringt dich in deine Balance♥ Du wirst geliebt♥

"2"

Göttliche 🤍 **Irdische Liebevolle Verbundenheit in dieser Medialität von oben & unten♥**

222 "Manifest" Liebe 🤍 **Glaube** 🤍 **Licht**

In der 25/7 kannst du deinen Gedanken

freien Lauf lassen &
sehen, was im Run &
im Treffen entsteht 🩶
plötzlich möglich ist!
Love

22:22
"Alles ist Möglich"

22

sich trauen und eine
Zusammenkunft
wagen, kann der erste
Schritt in die große

Liebe bedeuten
vieles
Unausgesprochene er-
lösen♥

Lebe deinen
Herzensruf

Alles was zählt im
Leben!

"Bewusst-Sein2"

Lebe dein Herz ...

Raus aus alten Glaubensätzen ...

12:22 Alles fließt nun auf einer Welle im Miteinander in eine Einheit zusammen♥ Wir reiten die Welle zusammen♥

22 erinnert Dich an die All-Verbundenheit durch die Liebe in dir;

leuchte im Manifest
der Einheit in der
liebevollen
SeelenLiebe♥

121 Einz zusammen
Einz
122 Lösungen werden
jetzt gefunden <3
umgesetzt, somit wird
Eins Zwei im Einz
Sein♥

💟 Ein UNS 💟

Erweitere Dich und deinen Horizont

Blicke zum Himmel hinauf und was siehst du, was zieht an dir vorbei auch in deinem inneren Auge!

"Perspektivenwechsel"

Sehe genau hin und spüre in dich hinein.

Ein Wechsel findet statt und es eröffnen sich neue Welten

"Gefühlswelten"

Reicht euch die Hand und lasst geschehen, was auch immer nun geschehen mag, es ist nun an der Zeit dies anzunehmen als göttliches Geschenk!

Der Hirsch auf dem du reitest zeigt und unterstützt dich noch einmal in deinem Wissen und Weg, den Du bereits genau kennst.

Jetzt darfst du Ihn gehen

"ErnteDank"

Alle Geschenke, die dir zu Füßen
liegen dürfen aufgenommen werden in

"Körper - Geist & Seele" 🩶

Erweiterung findet statt ...

durch:

Erhebung der Sicht nach oben - unten
in weit in die Ferne hinaus!

**Genieße deinen Reichtum, die
Ernte ist nun da ...**

Ernte sei Dank♥

Ballons im Himmel sind
Richtungsweisend für den
Perspektivenwechsel; Alles wird
klar erkannt.

„Leichtigkeit & Freude"

Frau mit Rosen im Haar weiß um
die spirituelle Liebe als höchste
Kraft und lebt diese auf eine ganz
neue Art

Der Hirsch als Krafttier eröffnet
dir nun ganz klar das Wissen was
du bereits in dir trägst

Der Kolibri als Krafttier lässt dich
den HerzensRuf deutlich hören
und umsetzen

Die Petunienblume in der Farbe
Lila lässt dich die göttliche
Freude ganz stark spüren, da der
göttliche Plan sich erfüllt!
Hier befindet sich auch das
Königreich der Feen!!

Konflikte sind gelöst und
Kommunikation findet auf Allen
Ebenen statt!

Die Hände reichen und Vereinen
sich voller Liebe und im Trauen,
von der Zwei ins Einz Sein!

Alles ist getragen von der
göttlichen Weisheit und der Ur-
Kraft des SEINS♥

Bäume schützen und tragen Dich
durchs Leben durch die Ur-Kraft - Ur-
Wurzeln - Ur-Trauen!!

Am ersten Tag erschuf Gott

....

Die Erde♥

Du bist nun in deinem reichen
Bewusst-Sein angekommen und
darfst all deine Geschenke; deine
Ernte annehmen - lieben & leben.

*Dein innerer Reichtum zeigt sich
dir jetzt im Außen*♥

"Liebe,

als höchste Kraft"

13:13

"Alles zeigt sich nun in seiner ganzen Fülle"

Erzengel Raphael

möchte dich bei deinem
Heilungsprozess liebevolle und
jetzt begleiten!

Die Portaltage haben viel an die
Oberfläche gebracht; all die
Schatten aufgezeigt.

Blockaden, die noch tief
verschüttet waren an die
Oberfläche gebracht!

Probleme, die sooo lange unter
den Tisch gekehrt, nicht
angesehen und auch nicht
aufgegriffen wurden als Thema in
der Familie nun mit voller Wucht
aufgedeckt!

**Schattenanteile, die nun
geheilt und wieder zurück
in die Seele integriert**

werden müssen, damit ein Weitergehen ins NEUE möglich ist♥

Raphael hilft dir dabei mit sanften Worten - sanftem HerzensGruß an dich und dein HERZ; hilft dir dabei, mit dir selbst liebevoll umzugehen!!

Pflege Dich und öffne dein Herz; blicke hinein und lass all die Energie der Liebe fließen.

Es will nun Heilung in dir geschehen♥ Deine SelbstHeilungsKräfte sind aktiviert!!*Er nimmt dich nun an die Hand und begleitet dich, bis es gelöst - er-löst ist♥*

Du bist ein Kind Gottes und wirst AllZeit geliebt♥

Finde in deine Herzensliebe durch erkennen; was du bist und bereit bist zu sein♥ Bist Du bereit für deinen SeelenPlan♥ 26/9

Volle Kraft voraus; Umsetzung der Gefühle durch die göttliche Anbindung an das Gute; es wird gelingen! Traue♥ 18:18

Folge immer der Stimme deines Herzens, denn wenn Du aus dieser Welt gehst, wirst du nichts mitnehmen können außer natürlich Einz ...

"Deine Seele"

...

Also auf was wartest du eigentlich und warum Masken tragen und ehrliche Kommunikation erwarten ...

Zeige dich und dein Sein, so wie du bist, so bist du gut!

"Du verdienst es geliebt zu werden"

Nur wer das erkennt, ist der Richtige Seelen-Partner♥

**Gefühlswelten sind am
klären; es tut sich mächtig
was in der heutigen 18**

Tief  **voller Gefühle**

Liebe  **voller Respekt**

**Mit der heutigen 19 kommt
ganz viel Sonne in dein
Leben; genieße den**

Moment, dass hier  **jetzt
Alles ist gut!**

Du bist Liebe

20:02 Wir gehen im miteinander in die Leichtigkeit  **Freude weil es so unglaublich SeelenVerbunden ist!!**

♥ ♥ Zwei ♥ ♥ Einz♥

20:20 - grad darüber geschrieben und schon kommt sie als Botschaft; ein guter Tag im miteinander♥ füreinander ♥ Klarheit folgt♥

Glaube & Traue dir; nach deinem Glauben wird dir geschehen! Also bitte, glaube an Dich & an die Liebe♥

22:22 Gemeinsam in die Zukunft im Miteinander der Zweien tanzen & dadurch Balance 🩶 Stabilität erlangen! Liebe ist♥

07:07 - es geht los; jetzt wird eine Entscheidung gefällt in

der heutigen 20  **Neuer**

Weg♥

07:17 nach der Entscheidung

in der 20 kannst du nun

voller Elan dem Stern;

deinen Stern folgen

LeuchtKraft pur

09:09 dein inneres Licht

zeigt und sagt dir ganz klar

dein Bewusst-Sein auf; folge

deinen Impulsen und folge

dem was stimmig ist♥

HEILIGE "HOCH-ZEIT"

durch…

Schattenprinzip auflösen

durch…

Liebe & Licht in sich fließen lassen

dadurch…

Balance in sich er-schaffen können, wenn die

weiblich - männliche & männlich weibliche Kraft

immer wieder durch Aufmerksamkeit sich gegenüber

in den Gleich-Klang gebracht
wird!

Achtsamkeit
Wertschätzung
Liebevolles sich pflegen

damit im Miteinander diese
Energie in Resonanz gebracht
wird♥

*"Ich liebe mICH & Ich liebe
dICH"*

22

"Ich liebe mICH & Ich liebe dICH"
Dual♥ in der 20♥
Zwei im miteinander
EinzWerdung

Damit wir in die Hoch-Zeit gehen können, ist es wirklich wichtig alte Verletzungen aus vergangener Zeit aufzulösen♥ Nur Mut du geliebte Seele!

Tagesbotschaft den 12.11.2017 / 15=6 die Liebenden!

Der Teufel im Tarot in der heutigen 15.

Der Teufel steckt ja bekanntlich im Detail …

Nur Mut, löse alte Verstrickungen - Glaubenssätze - Abhängigkeiten - Verletzungen aus der Kindheit - angebliches Versagen nun auf …

Wie?

Nimm dir die Zeit diese
Verletzungen in die Ver-gebung
zu bringen ...

Weine - Schreie - Renne und hole
Luft und sei lieb zu Dir.
Du bist ein liebevolles Wesen mit
dem göttlichen Funken.
Jeder von Uns hat so seine
Schattenanteile, die ins Licht im
Laufe der Lebens-Zeit gebracht
werden müssen um mit sich in
den Frieden zu kommen.

Nimm dir die Zeit!

Gehe in die Stille, schreibe auf
was dich bedrückt, lese deine
Zeilen, sei ehrlich zu dir!

Aber bitte ohne diese ständigen
Ver-Urteilungen an dir und
deinem inneren Kind!

Nobody is perfect♥

Ich bin Liebe

&

werde geliebt♥

Herzenswünsche
erfüllen! jetzt!

**Auf was genau
wartest du eigentlich♥
Auf Dich,was andere
über Dich denken, ob
andere es gut finden
was DU tust!
SeelenRUF**

Auf was wartest DU
eigentlich??? Auf
bessere Zeiten?!?
Hier & Jetzt♥
Schöpfe aus DIR 🩶

TRAU DICH!!
LebensZeit ist
KostBar♥
Leben & Lieben im
EinKlang mit DIR♥

Liebe = Mut

Lieben = Risiko

Liebe = Leben

Chancen ergreifen!

TRAU DICH!!

LebensZeit ist

KostBar♥

Leben & Lieben im

EinKlang mit DIR♥

Wer Veränderung
möchte; darf -st du -
selbst die
Veränderung sein!
Kommunikation - SMS
- Brief - Anrufen -
Spazierengehen♥

11:11
In innerer
GeWissenHeit mit dir
& deiner SeelenLiebe
im EinKlang Einz Sein♥
🩶

Ur-Trauen leben
Ur-Kraft spüren
Ur-Saft fließt
Ur-Glauben
Ur-Verbindung zu dir im
göttlichen liebevoll in der
Verbundenheit

"spüren - leben - lieben"

JETZT♥

Raus aus der MASKE♥

Schönen Nachmittag!

"Ich liebe mICH & Ich
liebe dICH"

Deine dich liebende
Claire♥

Ich denke, es ist die Zeit reif, für diese Balance zwischen dem

Ying & Yang

... im männlich-weiblichen & weiblich männlichen

"SEIN" sein ♥

Polaritäten vereinen und fließen lassen in einen neuen Bach von Möglichkeiten♥

Inneres Licht leuchtet nach Außen und strahlt über die Welt hinaus ins Universum

Alle wie Mutter Erde - Vater Himmel und das Sternenkind werden mit diesem Funken an Licht geflutet und ganzheitlich zukünftig genährt!

Heilung geschieht nun auf Allen Ebenen♥

Wachstum für Dich für Mich für Uns Alle im All- „Einz-Sein" wird nun Möglich und geschieht im Fluss des Lebens ...

22:22

11:11

21:21

Mit der Welt im Einklang sein; mit sich und seinem Gegenüber im Spiegel gut sein♥

Eat - Love - Pray♥

Impressum

Personendaten

Vorname Clarissa M.

Nachname Seite

Firmennamen Praxis für Psychotherapie - mediale psychologische Lebensberatung

Geburtstag 19. August 1969

Sternzeichen Löwe

Geschlecht Weiblich

Familienstand Verheiratet

Kontaktdaten

Strasse Winibaldstr. 14

PLZ 82515

Ort Wolfratshausen

Land Deutschland

Webseite http://www.theralupa.de /
www.heil-verzeichnis.de

Persönliches

Über mich:

Clarissa M. Seite

Praxis für Psychotherapie nach dem HPG

Mediale   psychologische   Lebens-Beratung

Psychologische   Beratung   und Kartenlegungen auf Wunsch am Telefon oder per Mail / Facebook PN

Erstkontakt: 01525 - 654 99 30

www.theralupa.de

www.heil-verzeichnis.de

**BLOG:
CLARISSASEITE.TUMBLR.COM**

SUCHT-Beraterin   (auf der Suche zum Ich)

& REIKI- Meisterin / Lehrerin

Mädchenname: Zickler

Geboren am: 19.08.1969 / Bad Neustadt a. d. Saale

Schulbildung:

Qualifizierenden Hauptschulabschluss – High - School in Louisiana - Realschulabschluss - Universität Tech in Louisiana / Ein Semester in Mathe - Geschichte und Englisch / Art & Sience

Lehrberufe:

Verkäuferin - Einzelhandelskauffrau - Versicherungsfachfrau - Heilpraktikerin für Psychotherapie - Suchtberaterin - Reikimeisterin / Lehrerin

Aufgewachsen in Speichersdorf bei Bayreuth bis zum 18 Lebensjahr

Nach Heirat in die U.S.A / Louisiana bis zum 21 Lebensjahr

Zurück nach Deutschland / Bayreuth für ein Jahr - München vier Jahre –

Bayreuth 16 Jahre - und schließlich wieder nach München / Wolfratshausen bis zum heutigen Tag.

Mein spiritueller Weg

... hat mit den Engel begonnen, die ich schon seit meiner Kindheit sehr bewundert habe und meine Oma mütterlicher Seite hat immer sehr viel zu den Engel gebetet, dass fand ich für mich sehr prägend.

Die Engel, meine tiefe Freundschaft - Verbundenheit und Liebe!

Die Engelsbilder von meiner Oma und meinem Opa hängen heute nun neben vielen anderen Engeln im Wohnzimmer und meiner Wohnung verteilt.

Als ich mir 1992 mein erstes Kartenset / Tarot von Miki Krefting aus

München kaufte ging es mit vielen Stunden - Nächten um die Ohren schlagen und Beratungen für Freunde los in Richtung Spiritueller - Medialer und guter Intuition ans Eingemachte!

Mehr und mehr interessierte ich mich für diese umfangreichen Themen wie den Glauben an Gott den Engeln - Glaubensrichtungen der Welt - Interpretationen des Tarots in verschiedenen Auslegungen und Ausführungen von White Raider zu Crowley, der Nummerologie (Dan Millman) der Traumdeutung (C. Jung) Kastl – Kant – Frankl – Freud und vieles mehr dazu.

Kartensets wie Selbstheilung von Chuck Spezzano - Göttinenzyklus - Engel von Diana Cooper - Doreen Virtue - & und dem tollen Kartenset von Pia Schneider und Ruth Kendell – **Krafttiere** von Jeanne Ruland & Murat Karacay – **Maria Magdalena** von

Jeanne Ruland & Marion Hellwig - **Spirituelles Geldbewusstsein** von Thorsten Weiss und und und runden mein Profil ab.

Kinesiologie und TCM-Medizin - Kräuterkunde - Homöopathie und die universelle Energie; erst durch die drei Reikigrade und dem Lehrer wurden diese intensiv in meinem Leben seit der Geburt meines Sohnes Frank 1997 integriert und schließlich auch privat an mir und meiner Familie - Freundeskreis und interessierten Menschen praktiziert!

2008 kam dann, nach Jahrzehnten an "üben und lernen" im Spirituellen Bereich der Beginn mit der Ausbildung zum Heilpraktikerin zur Psychotherapeutin - Gesprächstherapie nach Rogers - Psychoanalyse nach Freud) und last but least

2009 die Ausbildung zur Suchtberaterin,

2010 die Gründung der Praxis für Privatklienten und psychologische - mediale Lebensberatung am Telefon!

2014 schrieb ich mein erstes Skript "Wie werde ich ein Erdenengel"

2015Blog:
ClarissaSeite.Tumblr.Com

2015 - 2017 Buch & ebook:

„Wie werde ich ein Erdenengel

„Ein Erdenengel und seine   Geschichten"

„Botschaften eines Erdenengels"

„Herzensweisheiten eines Erdenengels"

„Seelenweisheiten eines Erdenengels"

„Seelenbalsam eines Erdenengels"

„Himmlische Werke eines Erdenengels"

Seit 25 Jahren; seit Beginn meines ersten Kartendecks im Tarot kamen viele andere Kartendecks dazu und durch das tägliche ausüben und studieren von Fachliteratur in unterschiedlichen Bereichen

149

hinsichtlich meiner medialen Fähigkeiten wird es immer mehr und das „Tun" immer intensiver und klarer in der Ausübung!

Vereinszugehörigkeit wie:

Dachverband Geistiges Heilen

(DGH)

Verband freier Psychotherapeuten, Heilpraktiker für Psychotherapie und Psychologischer Berater e.V.

(VFP)

Üben – Üben – Üben

Lernen – Lernen – Lernen

Sein – Werden – Sein

Mein Leitmotiv ist:

Lehrer und Schüler zugleich ;-)

Immer und immer wieder ...

auf dem Weg der sog. Meisterschaft (TOD) um wieder und Neu Wiedergeboren zu werden (Phönix aus der Asche)

Anbieter-Impressum

Umsatzsteuer-ID-Nr 82 096 358 479

Handelsregister-Nr. / Steuer-Nr. / ggfls. Geschäftsführer

Praxis - Clarissa Mathilda Seite - Heilpraktikerin   für Psychotherapie[HPG] - WOR

Steuernummer   –   Finanzamt Wolfratshausen – 169/258/90344 – **IdNr. 82 096 358 479**

Bankverbindung – Sparda Bank Nürnberg – BLZ 760 90 500 – Kontonummer 442 50 59

[Gemäß § 4 Nr. 14 Buchst. a UStG sind Heilbehandlungen im Bereich der Humanmedizin umsatzsteuerfrei. Dazu zählen auch die Leistungen der Heilpraktiker].

Ich wünsche Dir - Dir und Dir

Lieber Leser, eine wohltuende Öffnung zu Dir und zu deiner liebevollen Natur als

„Erden-Engel"

In diesen schnelllebigen Zeiten der Jagd nach Anerkennung – Profit und Erfolgsstreben kann dies eine neue Qualität an Erleben und einer eventuellen Konzentrierung aufs Wesentliche und zukünftiger „EntSchleunigung" bewirken!

Ein Dankeschön an:

Meine Eltern; einzigartig in Ihrer Art

Meine Geschwister, die mich in meinem Dasein begleitet und geformt haben

I Love You All!

Meinen Sohn Frank, der mir oft den Spiegel vor Augen hält! ;-) Buchcover 1 - 7 von Sohn Frank fotografiert.

Dieses Büchlein dient als ein kleiner Wegbegleiter „täglicher Inspiration" und als Möglichkeit einer neuen Sichtweise in der Lebensführung.

Es ersetzt weder den Rat durch einen Arzt deiner Wahl, noch dient es als Ersatz für medizinische Behandlungen von physischen und psychischen Erkrankungen aller Art!

Werdende Mutter (schwanger) ist oder sich krank fühlt oder krank ist, konsultieren Sie immer zuerst einen Arzt Ihrer Wahl!

Und denk bitte dran …

Du – Du und Du – SIE –Er – Es

 trägst die Verantwortung für

Dich und dein Leben!

<u>Haftungsausschluss: Autor & Verlag</u>

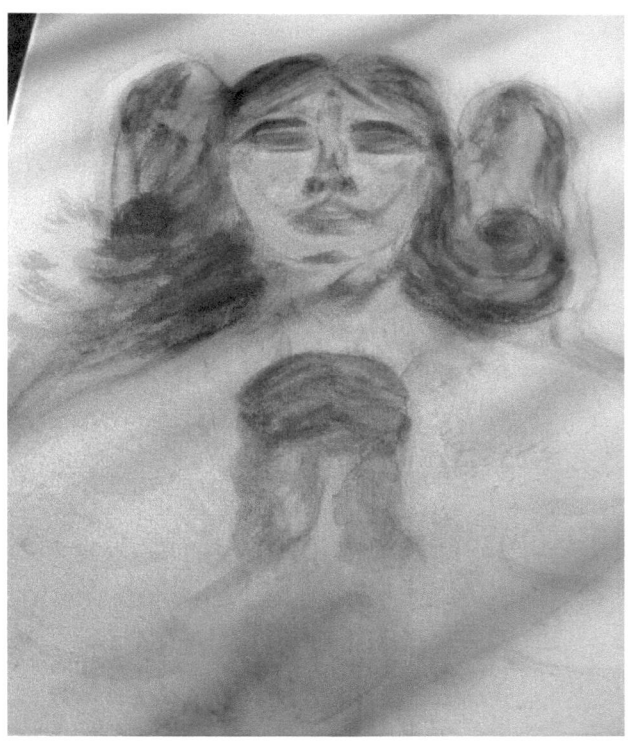

"Sei Du das Licht"

Gerade erlebst du eine Zeit, in der Du Veränderung in Dir und auch im Außen spürst und auch ersichtlich wahrnimmst!

Das ist gut so, denn nur so kann Veränderung überhaupt statt finden ...

Es wird dir des öfteren Bewusst, dass du dich schon lange, wenn nicht schon sehr lange "klein" gemacht hast ...

Deine Unterwürfigkeiten - Co-Abhängigkeiten ob im Selbst-Wert und auch im Materiellen haben dich an

diesem Punkt kommen
lassen.

Ängste, nicht gut genug zu
sein trieben dich lange an,
um gemocht - gut und gar
geliebt zu werden!

Zumindest dachtest du so ...
es hat auch irgendwie den
Anschein gehabt und auch
irgendwie geklappt, so
dachtest du zumindest gell ...

Und, und jetzt, jetzt geht dir
ein Licht auf und die
göttliche Anbindung lässt
deine Seele durch dein Herz
sprechen, du vernimmst
wieder Regungen -
Erregungen deiner Gefühle
- deiner Herzenswünsche

und möchtest endlich wieder
DU SELBST sein!!

Du leuchtest immer mehr an
"Schatten - Dasein" aus und
wenn du ganz ehrlich und
klar zu dir bist, fragst Du
dich so langsam, warum du
das hast soweit überhaupt so
weit hast kommen lassen.

"Was bin ich mir Wert"

Wo geht es jetzt hin mit
deinen Wünschen ...

Raus aus dem alten Trott an
Gewohnheiten, an
Abhängigkeiten -
Gefälligkeiten ...
Einsamkeiten!

"Ich bin es Wert geliebt zu werden"

Ich werde WertGeschätzt so wie ich bin und ich bin ein liebenswertes Wesen / Mensch ♥ SEELE ♥

Fang an dein besonderes göttliches Licht nach Außen zu bringen - strahle wie die Sonne und werde Kreativ - bringe dein Potential zum strahlen!

Wertschätze dich von Tag zu Tag mehr und bringe deine Emotionen zum er-klingen♥

Wörter und Ausdruck, egal in welcher Form werden dir Helfen immer mehr zu

deinem DU zurück zu
gelangen!

Ich fange jetzt damit an,
meine Wünsche -
Bedürfnisse und Gefühle
zum Ausdruck zu bringen.

Ich bin immer in Sicherheit
und werde göttlich in
meinem Tun unterstützt -
begleitet und beschützt.

Gott sorgt für mich♥

Ist immer an meiner Seite
und trägt mich in schweren
Zeiten!

Traue & Glaube ♥

Du bist immer in Sicherheit
und wirst mehr geliebt, als es

**dir (noch momentan)
bewusst ist ...**

„Ich liebe dICH

&

Ich liebe mICH"

Deine Dich liebende Claire

7 Sieben

17:27 nicht nur

„Un-Mögliches wird Möglich"

...es ist die wahre Liebe, denn DU bist nun soweit♥
Für die SeelenLiebe♥

17:07 auf auf

Quantensprung jetzt!

Neue Dimensionen

öffnen sich

Gefühltes

„Un-Möglich"

wird möglich♥

Tausend (7) Sterne für Dich!

WAU und JETZT! Überraschung, es ist Wahr♥ Wahrhaftig & Göttlich gewollt♥

Vollgas in die Stabilität

Trauen 🩶

Offenheit

machten es möglich!!

"HOCH-ZEIT"

17:57 Also, ja ist nicht abgesprochen mit dem Göttlichen aber er spricht nun♥ LiebesBotschaften; erfüllen sich nun

voll & ganz♥

*In der heutigen 20 am
07.12.2017 bewirken wir durch
unsere Gedanken unseren Tag
jeden Tag aufs NEUE*

"Positiv wie Negativ"

202

*202 / Beschwingt wie ein Narr
verbinde ich mich im
Miteinander voller Liebe & Licht*

*Wie bist du heute ausgerichtet in
deiner Welt als Passagier auf der
DurchReise ...*

Denk dran, Zeit ist so kostbar

YOU! create your own thoughts every day by your ♥ self, start thinking as a passanger of this world ... time is so special & rar!

06.12.2017 / Portalöffnung am Nikolaus

Heute in der 19 am NikolausiTag geht es um Herzenswärme, Sonne in deinem Leben♥

Wer ist dein …

LieblingsMensch♥

Herzensbotschaft♥

10:01 111 11:11

Einfach Himmlische Botschaften empfangen♥

Einfach Göttlich♥

"11

Jesus

& Maria Magdalena"

Maria Magdalena

Dieses Bild will unbedingt mit euch geteilt werden wollen!!

Es geht in der Liebe immer wieder um die Herz ♥ Öffnung auch wenn DU im Herzen so sehr verletzt wurdest ♥

Maria Magdalena wünscht sich von UNS immer mehr in den Seelen-Dialog zu gehen eben durch unsere Herzöffnung in UNS!

Öffne dich für die Vergebung, nur dann kann loslösen und lassen einkehr halten und neue Türen öffnen sich eben durch diese besondere bewusste HerzensÖffnung♥

Lebe Dich und dein Herz in dem SeelenDialog von Seele und Seele

in dieser besonderen Zeit gerade
jetzt im Dezember, der Monat der
Liebe als Christus auf Erden kam
und diese Liebe auch in der
Zusammenkunft mit Maria
Magdalena in dieser besonderen
Begegnung und Verbindung
Verschmelzung als

Ver – *„BUND"* denheit ...

"Barmherzigkeit" im Sein

Danke für die Begegnung, das
Wachstum und dieser Liebe als

SeelenLiebe pur

Heilung auf Allen Ebenen findet
nun statt

Verschmelzung von Seele und
Seele

"11. Buch eines Erdenengels"

Erscheinung „NeuJahr 2018" in
der 2+0+2+8 / 11

Dialog von Seele  Seele

Deine dich liebende Claire 💛

RückVerbindung!!

Gehe in deine Seelen-
Rückverbindung und erinnere
Dich an all deine Gaben, die dir
einst vor langer Zeit bereits
geschenkt wurden und wieder in
diesem jetzigen SeelenSein
aktiviert werden wollen.

Träume sprechen nun besonders
zu Dir im neuen Jahr; dem
SeelenJahr 2018

2+0+1+8 / 11

Achte auf deine inneren
StimmenBotschaften, den sie
leiten dich nun besonders an,
deinen besonderen Weg gerade
jetzt im SeelenJahr im
SeelenDialog 2018 diese zu
vernehmen - Achtung durch
Achtsamkeit zu schenken.

Lausche voller Demut diesen wunder-vollen SeelenGesprächen von Seele & Seele und sei bereit für all diese einzigartigen SeelenBegegnungen - Verbindungen - Liebschaften - Partnerschaften auch aller Art!

Schenke dir und deinem Herzen nun besondere Beachtung, denn im SeelenJahr 2018 werden große Veränderungen stattfinden und nun dürfen wir aus all unseren angesammelten Erfahrungen schöpfen aus all den vielen Leben, die wir als Seele, die wir sind nun wieder Rückerinnern und leben - lieben und schöpfen dürfen.

Sei voller Demut und bereit für diese besondere Zeit der

TorÖffnungen, die nun stattfinden und stattfinden werden.

Denke immer daran, wir lieben dich und freuen UNS auf dein Wirken und gerade auch wenn du aus der Liebe & dem Licht schöpfst und es gerne als Berufung weiter gibst.

Sei dir unserer2 „AllUmfassendenLiebe" gewiss, gewahr und bewusst im Bewusst-Sein das Du bist!!

11. Buch eines Erdenengels

Dialog von Seele & Seele

Erscheinung NeuJahr 2018

Deine Dich liebende Claire

You Tube

Audio SprachMedium

Clarissa M. Seite

Der Waal als Krafttier

„RückVerbindung"

Der Krebs als dein Krafttier möchte

Dich in der Weiblichkeit; der weiblich männlichen Kraft begleiten wollen.

Der Krebs zieht sich ja bekanntlich gerne zurück und möchte am liebsten mit sich **„Alleine sein"** oder aber auch mit sich ins Reine kommen.

Das gelingt, nur mit dem Rückzug aus der lauten oft stressigen Welt und dem ständig kommunikativen Umfeld!

Jeder will was oder will was sagen und sich mitteilen!

Hier gelingt es dem Krebs, sich auf seinen gekonnten Rückzug zu besinnen und in sich auszuleuchten, was da so in Ihm schlummert und hochsteigt.

Sich besinnen, auf Sich

„Ichbin"

Läutere Dich, schwingt der
Krebs mit dir mit … zeigt dir
die Gefühle auf, die in dir
schwelen und hebt die Ur-
Gefühle – Ur-Trauen in dir
hoch und teilt sich dir durch
Träume und Intuition mit!!

2 in der Zwei

„Wandlungsphase -
WiederGeburt"

1 mit sich Einz sein

Es gibt nichts mehr zu tun,
außer …

VollKommen darauf zu ver-
Trauen, dass das Alte nun
nicht mehr wirken kann, es
ist vorbei!!

Läutere dich noch einmal ….
Und nun …

Neues kündigt sich bereits an und dann steigt der Krebs raus aus seinem Versteckt und geht wieder auf seine EntdeckungsReise!!

Neue Abenteuer im neuen Kleid deines Bewusst-Seins wollen entdeckt und erobert werden, um weiter im

„Rad des Schicksals"

Sich erneut zu drehen und in der Bewusst-Seins-Spirale aufzusteigen …

Seele folgt dem Ruf des Herzen und das Herz folgt der Seele im GleichKlang!

Mögliche Affirmation:

Der höchste Wille geschehe durch mich; die Schöpferquelle unterstützt mich dabei!

Der Soultalk !

Herzensfluss

Liebevolle Verbundenheit ...

.... transformieren diese Begegnungen in eine wunder-volle Tiefe hinein ...völlig egal wie oft man sich sieht oder spricht oder handelt ...

Es ist einfach da und wirkt über tausende von Meilen♥

"Unendlich & frei von Raum & Zeit"

Liebe ist♥

Herzensgruss eure Claire

7:17 - 27 / 9 als Tagesbotschaft

All das innere Wissen kommt jetzt zum tragen und eröffnet dir neue Welten; lass fließen & lausche

Neun

All das innere Wissen

Sieben

Kommt jetzt zum tragen und eröffnet in der 9 neue Welten

Zwei

Lass …

fließen

&

Lausche

Was wünscht DU dir - Was brauchst DU! Dein Seelenpartner möchte es …

**DIR liebevoll
schenken
Öffne Dich** 🩶
empfange jetzt!

**Deine Seelenliebe
wünscht liebevoll von
dir empfangen zu
dürfen; bist Du bereit
für die wahre Liebe -
bedingungslos♥**

**Ich bin Einz in
meinem Herzen;**

ICH sehe tief mit meiner Seele in die Tiefe meines 🩶 als Seherin♥

Mond / #18 / Der Krebs als Ver-Mittler

190

- Liebesbotschaften
- SeelenLiebe
- SeelenLiebe DualLiebe
- All Einz Sein
- Was ist Seelenliebe
- Aus dem Herzen lieben
- Die SeelenLiebe zusammengeführt aus dem Schicksal
- WunschErfüllung
- DualSeele ZwillingsSeele
- DualSeelen
- GottesLiebe SelbstEntscheidung
- Liebe ist

- Zwillingsseelen Dualseelen wollen erkannt und gelebt werden!
- Mond in der 18
- Herzen
- EIN Z
- 22:22
- 2 ZWEI
- Erweitere Dich und deinen Horizont
- Erzengel Raphael
- Heilige HOCH-ZEIT
- Ich denke, es ist die Zeit reif … 2018 / 11 … für den Seelendialog
- Sei du das Licht

- 7 SIEBEN
- 10:01 „111" 11:11
- Maria Magdalena
- Rückverbindung
- Der Krebs als Krafttier
- Liebe Seelen
- ICH BIN
- Los Lösen / Lösung
- Tor - Öffnung

Liebe Seelen!

Guten MorgenBotschaft heute in der 20!

Lausche deinen inneren Botschaften, denn sie sind Richtung 🖤 Weisung

Wissend!

Die Seele spricht mit Dir und möchte über dein Herz dir vieles Erzählen, was nun wirklich wichtig ist.

Liebe 🖤

Die Liebe will gelebt werden und sich in dir ausbreiten wie Lava eines Vulkans, der so lange still und geschwiegen hat es jetzt aber nicht mehr unterdrücken kann, was in ihn wirklich gelebt werden will!!

Bebt!

Das innere Licht, die Stimme in deinem Herzen kann nicht mehr anders als die Gefühle nach Außen zu transportieren, denn jede noch so kleine Unterdrückung schmerzt und erzeugt Risse im System und vor allem in der Seele ...

Seele schreit 🖤

Höre und lausche wohl und vernehme die Botschaft in Dir ...

Zeit ist kostbar!

Es ist an der Zeit - höchste Zeit in die Hoch 🖤 Zeit zu gehen, denn gerade der November ist der Monat der ...

"Seele"

Sei dir gewiss, je mehr Du tief in Dir den Blick wagst, um so mehr spürst du deinen Sinn und den Sinn der Begegnung mit Dir und deinem Gegenüber und vernimmst die Wahrheit, die schon lange vorher in dir schlummerte - bewusst wahr und jetzt ins Bewusst-Sein dringt!

Es ist soweit♥

Lebe dein wahres Selbst - deine Wahrheit und befreie dich von auferlegten Begrenzungen, denn Gott möchte, dass du glücklich bist und die Wahrheit - die wahre Liebe zu Dir - in Dir und mit Dir im Einklang mit deiner SeelenLiebe lebst.

Folge dem Ruf & Blicke tiefer ...

Alles war schon immer da!!

Sei dir gewiss, dass sich Alles
zum Besten Aller beteiligten
regelt, den die Engel sind immer
bei dir und begleiten dich in die
von nun an gelebte ...

"Leichtigkeit"

Du verdienst es geliebt zu werden

Du bist Liebe!!

Traue dir und deinen
GefühlsWelten - Traue Dir und
deinem Seelen ♥<3 Herzen.

20

Folge deinem RUF♥

22

TRAUE DIR JETZT!

Deine dich liebende Claire

„Ich bin"

... in meiner Sicherheit
Ruhe - Gelassenheit -
Trauen - Gesprächen

♥ **stärken** ♥
mich
♥ **wohl!**
♥
♥

"Ich bin"
♥ **Stark & in**
meiner Mitte"

„Ich bin!"

„Alles ist möglich"

Mit dir 🤍 In dir 🤍

um dich herum♥

Liebe leben macht

Alles möglich

Du bist 🤍 Glück 🤍

Seele 🤍 Liebe 🤍

Atem 🤍 Reich an ...

"Zeit 🤍 Raum" ... 🤍

"Wenn du zutiefst verletzt wurdest, aber immer noch den Mut hast sanft zu anderen zu sein, dann verdienst du eine Liebe, tiefer als der Ozean selbst."

Autor unbekannt

Los Lösen / Lösung!

Aus alten und auch neuen Verletzungen werden wie einst Perlen und zu deinem ganz persönlichen Lebens-Schatz 🩶

Traue Dir weiterhin und nur
Mut, es lohnt sich immer
den HerzensRuf zu folgen ....

Dein Stern ist dein
Navigator und führt dich
sicher durchs Leben 🩶

Folge dem Ruf deiner

Seele 🩶*Herz in Dir ...*

Deine dich liebende Claire

You Tube – Audio Clarissa M. Seite

"Meine geliebte Seele, wie schön

DU doch bist"

Auszug aus dem 10. Buch der Trilogie:

„All-Drei-Sein

eines Erdenengels"

„Tor – Öffnung"

Offenbarung

Wahrhaftig DU!

Neumonde

Vollmonde

Portaltage sind wahrhafte Tor-
Öffungen!

Na, wie passend …

Geliebte Seele!!

Du - Du hast schon so viel in deinem
Leben gemeistert und geleistet …
siehe, was du erreicht hast …

Außen wie Innen - Innen wie Außen

… und da kommt noch viel mehr …

Dein Leben fängt jetzt erst an …!!

JA!

…auf einer neuen Stufe das Da-Seins

Deine Seele zeigt dir den Weg und eröffnet dir neue Wege!!

Durch deine Herz-Öffnung ergießt sich Alles zu einem neuen Fluss des Lebens Und DU weißt das; mach es dir noch einmal so richtig Bewusst!
Unbegrenzte Möglichkeiten - Unbegrenzte Universen - Unbegrenzte Galaxien - Unbegrenzte GefühlsWelten warten auf DICH!!Du weißt das, außer du willst nun abschließen und sterben, damit auch dann wieder der neue SeelenPlan auf Dich wartet und geliebt & gelebt werden will

"Glaube - Traue"

Kontemplation & Manifestation

Fünf & Null

Göttlicher Wille und Göttliche Vereinigung zweier Seelen zum Wohle von Mutter Erde!

... sind die Folge - Wahrhaftigkeit - Offenbarung an DICH<3

Mut & Tatkraft sind die Folge dessen, was Du in deinem Leben lieben & leben möchtest und es natürlich auch darfst, außer du willst es anderen Menschen - überholten Glaubenssätzen und irgendeiner Institution recht machen?

Menschen, die dich lieben, wollen immer das Beste für Dich

"Das Beste für Dich und Alle Beteiligten"

kann dann folgen und umgesetzt werden, aus der Kraft und der Wahrnehmung seiner Kraft - seinem Willen - seinem Herzen & seinem SeelenRuf - SeelenPlan & SeelenLiebe

"Wenn die Seele liebt, gibt es kein zurück mehr"

In liebevoller Verbundenheit

Clarissa M. S.

Der Weg ist das Ziel! – Konfuzius*

Zusatzgedanken!!

Ich denke, es ist die Zeit reif, für diese Balance zwischen dem

Ying & Yang

… im männlich-weiblichen & weiblich männlichen

"SEIN" sein

Polaritäten vereinen und fließen lassen in einen neuen Bach von Möglichkeiten♥

Inneres Licht leuchtet nach Außen und strahlt über die Welt hinaus ins Universum

Alle wie Mutter Erde - Vater Himmel und das Sternenkind werden mit diesem Funken an Licht geflutet und ganzheitlich zukünftig genährt!

Heilung geschieht nun auf Allen Ebenen♥

Schöne Zeit – Gute Zeit Deine dich liebende Claire♥

Wachstum für Dich für Mich für Uns
Alle im „All-Einz-Sein" wird nun
Möglich und geschieht im Fluss des
lebens …

„AllUmfassendeLiebe"

22:22!!!

„11"

Eins zu Einz

Seele & Seele

Im HerzensDialog der Seelen

Kommunikation!

Eleven

Elf (en)

1 & 1 / Ursache und Wirkung / Resonanz

EINZ

11:01

Vom Schatten ins Licht

Jetzt♥

VISION!

121 Im Miteinander *„Einz Sein"*, **durch HerzÖffnung & SeelenDialog immer möglich! Die Wahrheit kommt aus purer Liebe ins Licht** 🩶

Herstellung und Verlag:
BoD - Books on Demand, Norderstedt
ISBN 978-3-7460-4802-4

MIX

Papier aus ver-
antwortungsvollen
Quellen
Paper from
responsible sources

FSC® C105338